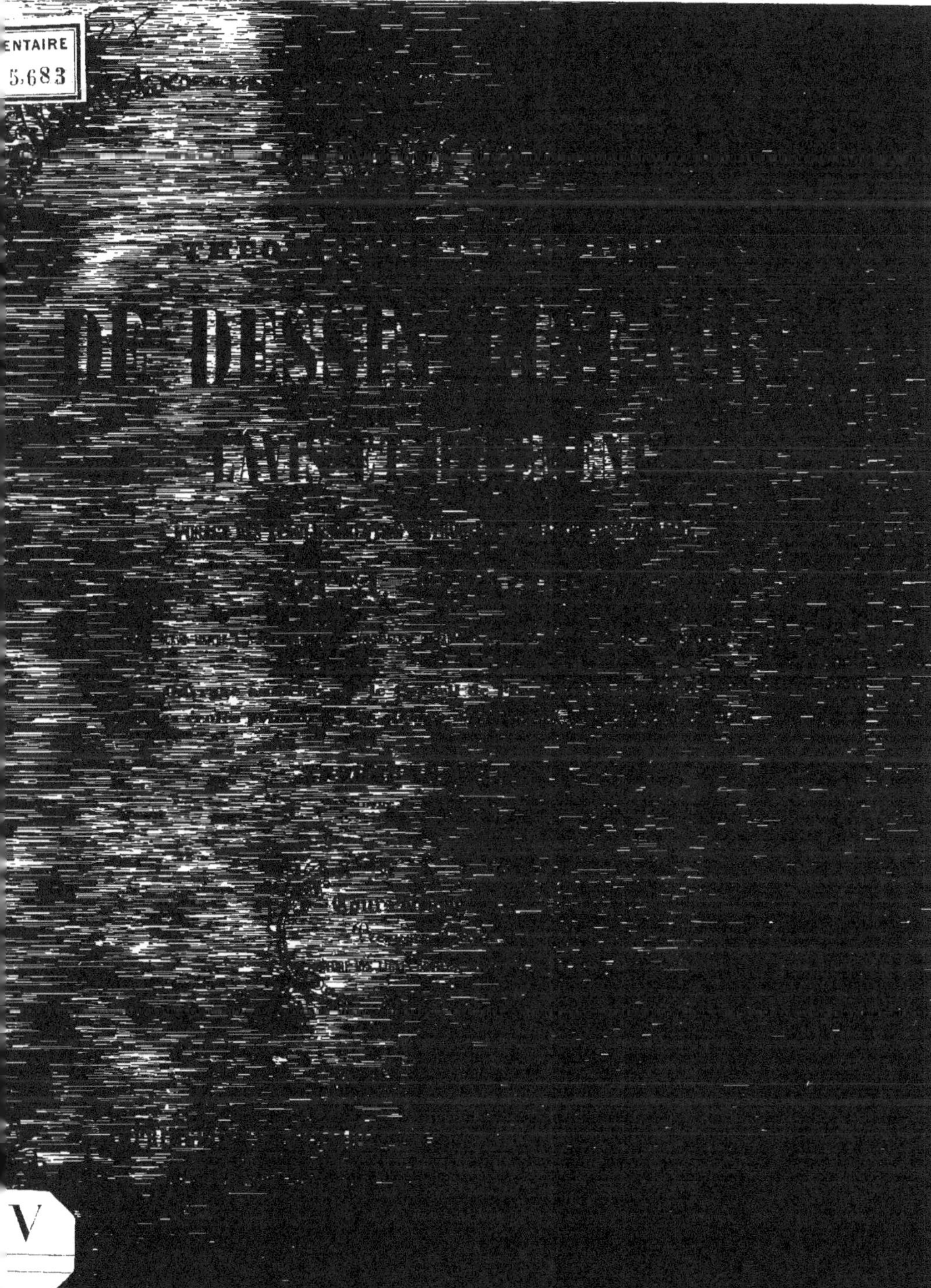

THÉORIQUE ET PRATIQUE
DE DESSIN LINÉAIRE
LAVIS ET ORNEMENT

Par A. Le Béalle,

ANCIEN ÉLÈVE-MAÎTRE A L'ÉCOLE NORMALE DE VERSAILLES, PRÉPARATEUR A L'ÉCOLE CENTRALE DES ARTS ET MANUFACTURES.

Ouvrage autorisé par le Conseil de l'Instruction publique pour les écoles primaires, les classes d'adultes et les écoles normales.

TROISIÈME ÉDITION

REVUE ET AUGMENTÉE.

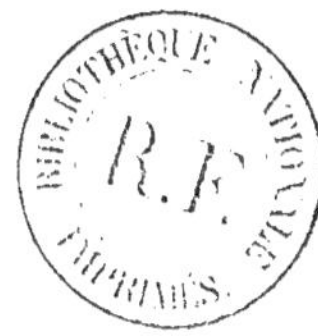

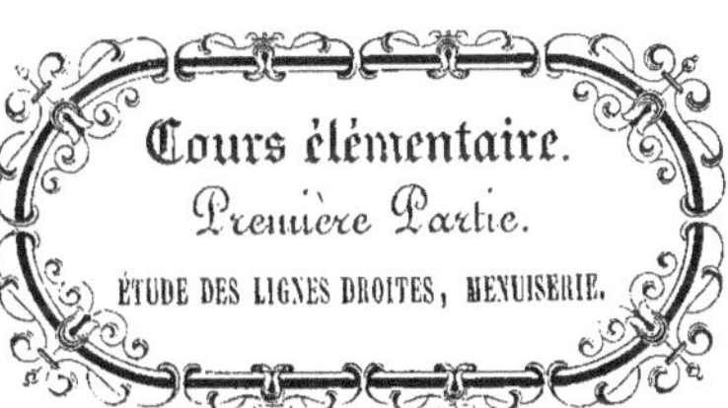

PARIS.

IMPRIMERIE ET LIBRAIRIE CLASSIQUES DE JULES DELALAIN,

IMPRIMEUR DE L'UNIVERSITÉ, RUES DE SORBONNE ET DES MATHURINS.

TABLE DES MATIÈRES.

TEXTE (AVEC FIGURES).

PLANCHES.

OBSERVATIONS.

Toutes les planches de cette partie seront reproduites d'après les dimensions cotées sur chacune d'elles; chaque dessin occupera un quart de feuille grand raisin.

Il faut toujours commencer un dessin par la construction d cadre, qui doit avoir 0m,20 sur 0m,26 (consulter les nos de 2 à 25).

NOTA. Le double décimètre est trop petit pour que toutes les mesures d'un même côté soient prises sans le déplacer; de plus, sa numération n'est ordinairement cotée que dans un sens, ce qui embarrasse souvent l'élève, surtout dans la construction des figures symétriques. Pour remédier à ces inconvénients, nous avons fait fabriquer des TRIPLES DÉCIMÈTRES à trois numérations :

L'un des biseaux porte une numération symétrique, colorée en rouge; le 0, point de départ, est au milieu; les cotes sont disposées ainsi :

15...14..........3...2...1...0...1...2...3..........14...15.

L'autre biseau porte deux numérations continues, colorées en noir : la première va de gauche à droite :

0....1....2....3..............28...29...30;

la seconde va de droite à gauche :

30....29....28..............3....2....1...0.

Nous nous chargeons de fournir ces TRIPLES DÉCIMÈTRES, le INSTRUMENTS DE MATHÉMATIQUES et les COULEURS nécessaires a dessin linéaire, et dont le choix est souvent une difficulté pour le professeurs ou les élèves.

A. LE BÉALLE, rue des Saints-Pères, 59.

DU DESSIN LINÉAIRE.

1. — Tout objet a 3 dimensions: *longueur, largeur, épaisseur;* géométriquement on considère : une ligne pour sa longueur ; — une surface par rapport à sa longueur et à sa largeur; — un solide, sous ses 3 dimensions; — un point, comme n'ayant aucune dimension.

2. — Le DESSIN LINÉAIRE est l'art de représenter tous les objets en indiquant leurs contours par des lignes; il a principalement rapport à la représentation des produits d'arts et métiers.

3. — Sous le nom de *topographie* ou *lever des plans*, il s'occupe de la représentation des terrains et des objets qui couvrent leur surface; son but, dans ce cas, est de faire connaître la conformation, l'étendue, les constructions et les productions du terrain représenté.

4. — Un dessin représente : soit des objets existants, pour en faciliter la reproduction, et en faire connaître les avantages ou les imperfections; soit des objets imaginaires ou à l'état de projet, pour rendre leur exécution facile, rapide, régulière et appropriée à leurs usages présumés.

MODE D'ENSEIGNEMENT.

5. — Le dessin linéaire s'exécute *géométriquement* ou à *main levée* : — pour le tracé à main levée, on n'emploie que la craie, le crayon ou la plume ; — pour le tracé géométrique, on se sert en outre d'instruments de mathématiques, ainsi nommés parce que la géométrie pratique enseigne leurs usages dans certaines opérations dont la géométrie théorique démontre l'exactitude; ces instruments sont le compas, l'équerre, la règle, etc.

6. — Pour qu'un cours de dessin linéaire soit vraiment utile, la durée de chaque séance doit être d'une heure et demie au moins, consacrée aux exercices suivants :

7. — 1er EXERCICE (*un quart d'heure*) : interrogation sur les définitions géométriques, pendant les apprêts nécessaires au travail graphique;

8. — 2e EXERCICE (*un quart d'heure*) : dessin géométrique et démonstration au tableau noir des planches de théorie annexées au texte. — Ces planches doivent être reproduites avec des dimensions décuples, c'est-à-dire en prenant les mesures indiquées en millimètres sur le modèle pour des décimètres.

9. — 3e EXERCICE : dessin à main levée, au crayon, sur papier commun; — cet exercice a lieu en même temps que le précédent, pendant que le professeur ou un élève trace sur le tableau les figures que tous doivent retracer sur papier, au double des dimensions du modèle.

10. — 4e EXERCICE (*une heure*) : dessin géométrique, sur papier à dessin, des planches gravées.

11. NOTA. Le 2e et le 3e exercice ont pour but d'habituer l'œil de l'élève à l'appréciation des mesures linéaires, et de donner à sa main une grande sûreté d'exécution. — Les trois premiers exercices se suppriment pour les élèves qui reproduisent des planches dont l'exécution exige plusieurs séances.

DU LAVIS.

12. — Le LAVIS vient en aide au dessin linéaire, en précisant la nature et la forme des objets, par l'application de leurs couleurs propres ou conventionnelles. — Les teintes sont *plates*, *superposées*, *fondues* ou *dégradées*.

13. — Une teinte plate se donne par l'application uniforme d'une même couleur sur toute une surface.

Exécution : pinceau bien imbibé; ne pas revenir sur les parties lavées et ne pas laisser de blanc entre deux coups de pinceau ; à la fin de la teinte, enlever le surplus avec la pointe du pinceau.

14. — Les teintes superposées sont des teintes plates d'une même couleur, passées plus ou moins de fois sur les endroits qui doivent être plus ou moins foncés.

Exécution : Attendre qu'une teinte soit bien sèche avant de lui en superposer une autre.

15. — Une teinte fondue ou adoucie est celle qui, donnée une seule fois, produit cependant diverses nuances dont la plus pâle se confond avec la couleur du papier; une teinte est fondue d'un seul côté ou des deux côtés.

Exécution : 1° étendre au pinceau de l'eau pure sur une partie un peu plus large, du côté à adoucir, que celle qui doit être colorée; — 2° passer la teinte dans la partie qui doit être la plus foncée, avec la pointe du pinceau tenu droit et bien imbibé; — 3° repasser le pinceau à eau sur le côté à adoucir, sa pointe effleurant la teinte et sa hampe inclinée en arrière.

16. — Une teinte dégradée est une sorte de teinte plate. (Voir Planches 11 et 12.)

Exécution : 1° apprêter deux teintes, l'une pâle, l'autre foncée; — 2° remplir le pinceau de teinte pâle; incliner le dessin, la partie claire en haut ; passer rapidement le pinceau de gauche à droite et descendre progressivement, en ne faisant qu'effleurer de la pointe du pinceau la partie déjà teintée; — 3° tremper le pinceau dans la teinte foncée, le frotter d'abord sur un morceau de papier, puis effleurer de sa pointe la teinte précédente, qui doit être en assez grande quantité pour former un bourrelet liquide; — 4° continuer en trempant le pinceau dans la teinte foncée. — L'ensemble de ces opérations doit être renouvelé plusieurs fois.

17. — Les dessins à laver sur une grande étendue ou à teintes superposées doivent être collés sur planche.

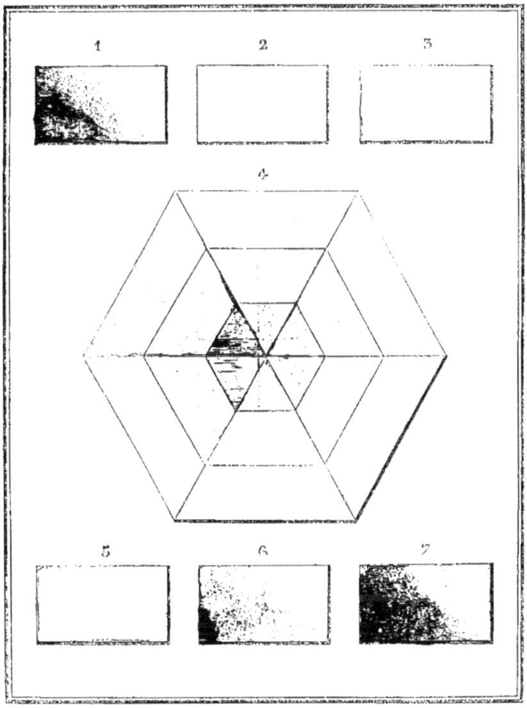

COULEURS.

18. — *Trois couleurs* suffisent pour obtenir les teintes nécessaires au lavis; savoir : le *carmin* (*Fig.* 1); la *gomme-gutte* (*Fig.* 2); le *bleu de Prusse* (*Fig.* 3). — Le bleu de Prusse est préférable à l'indigo, dont il reproduit le ton par une légère addition d'encre de Chine et de carmin.

19. — *L'orangé* ou le *brun*, le *violet* et le *vert* s'obtiennent par le mélange des couleurs entre lesquelles ils sont placés dans la *Fig.* 4, qui présente en même temps l'effet de leur superposition sur une teinte d'encre de Chine plus ou moins foncée.

20. — Pour délayer les couleurs et l'encre de Chine, l'eau de pluie et de rivière conviennent seules. — Pour ne pas avoir de grain, frotter la couleur sur le doigt mouillé, puis ensuite ce doigt dans le godet contenant l'eau nécessaire.

21. — Outre les 3 couleurs à lavis, il est bon d'avoir : *terre de Sienne brûlée* (*Fig.* 5), pour la pierre et le bois; — *vermillon* (*Fig.* 6), pour la tuile et la brique; — *bistre* ou *sépia* (*Fig.* 7), pour le terrain et le vieux chêne.

CONSTRUCTION DES CADRES.

22. — Les dimensions données ici sont celles à employer pour la construction des cadres de cette première partie. — Dans cette opération, nous supposons la feuille de papier (in-4° raisin) représentée par le cadre extérieur ABCD de la figure.

23. — 1° D'un rayon de 13 centimètres et de chacun des points A, B, C, D, décrire successivement les arcs *a*, *b*, *c*, *d*, qui se coupent en E, F;

2° Du même rayon, et des points E, F, décrire les arcs *e*, *f*, qui se coupent en I, J;

3° Du même rayon, et des points I, J, décrire les arcs *i*, *j*, l'un en haut, l'autre en bas;

4° D'un rayon de 10 centimètres, et des points E, F, décrire les arcs *g*, *h*, l'un à droite, l'autre à gauche;

5° Par les points E, F, mener la ligne VV (*verticale de construction du cadre*); — tracer les lignes *np* (*côtés verticaux du cadre*), tangentes aux arcs *g*, *h*;

6° Par les points I, J, mener la ligne HH (*horizontale de construction du cadre*); — tracer les lignes *mo* (*côtés horizontaux du cadre*), tangentes aux arcs *i*, *j*.

24. — La dimension du rayon pour les deux premières opérations n'est pas absolue; mais elle est la plus commode pour le format du papier; de plus, elle est nécessaire pour la 3ᵉ opération.

25. — Pour dessiner deux planches sur une demi-feuille grand raisin :

1° D'un rayon plus grand que la demi-largeur, et de chacun des angles de la feuille, décrire des arcs par les intersections desquels on mène la verticale de construction;

2° De ces mêmes points d'intersection, et d'un rayon de 13 centimètres, décrire des arcs, un à droite, un autre à gauche; — mener des tangentes à ces arcs;

3° De ces mêmes points d'intersection, et d'un rayon plus grand que la distance qui les sépare, décrire des arcs par les intersections desquels on mène l'horizontale de construction.

4° Sur chacune des droites menées, une de chaque côté de la verticale de construction, porter, à partir de l'horizontale de construction et de chaque côté, les mesures 0m,015; — 0m,115; — 0m,215; — par ces points, mener des droites qui deviennent les verticales des deux cadres.

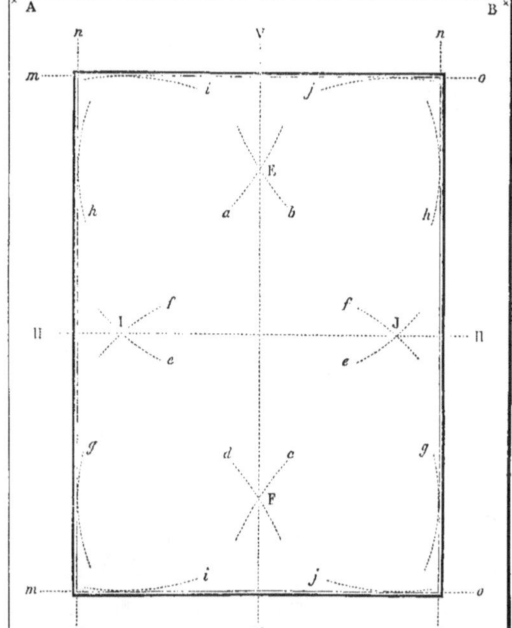

QUELQUES PROCÉDÉS.

26. — *Pour enlever les taches d'encre ou les lignes inutiles :*

1° Passer dessus un pinceau humide; 2° frotter légèrement avec le caoutchouc; 3° frotter ensuite avec de la peau de gant blanc.

27. — *Pour faire disparaître les taches d'huile peu anciennes :*

1° Imbiber l'endroit taché d'essence de térébenthine; 2° mettre dessous et dessus une couche de plâtre sec et fin ou de terre de pipe en poudre, et laisser environ une demi-heure.

28. — *Pour adoucir, égaliser ou enlever une teinte :*

Laver légèrement à l'éponge.

29. — *Si l'encre de Chine s'efface au lavis :*

La délayer avec moitié eau et moitié vinaigre; — il est préférable cependant de l'employer très-légère et de repasser le trait après le lavis.

DESSIN D'UNE PLANCHE.

30. — Les *cotes*, ou nombres marqués sur les planches, désignent en millimètres les mesures à prendre pour avoir les dimensions des figures; elles sont telles que l'élève doit les porter sur son dessin, et non d'après les dimensions du modèle, sauf pour les figures intercalées dans le texte, dont les mesures doivent être doublées pour le dessin sur papier et décuplées pour le dessin au tableau noir.

31. — 1° Tracer le cadre d'après les dimensions indiquées n° 23;

32. — 2° Pointer de suite, avec le triple décimètre, toutes les mesures dans un même sens, et par ces points mener des lignes (horizontales ou verticales); — si l'on se sert de la règle pour mener ces lignes, il faut pointer leurs mesures sur les deux côtés parallèles du cadre; si l'on se sert du T, il suffit de les pointer sur un seul côté;

33. — 3° Pointer ensuite toutes les mesures indiquées dans l'autre sens, et par ces points mener des lignes. — Si l'on se sert de la règle il faut les pointer sur les deux côtés parallèles du cadre; si l'on fait usage du T, il faut mettre sa règle dans l'autre sens et se servir de l'équerre appuyée contre cette règle pour mener ces lignes.

34. — 4° Terminer le tracé du dessin au crayon, en appuyant légèrement, puis repasser à l'encre d'abord toutes les horizontales, puis les verticales et enfin les obliques. — Bien faire attention à la grosseur des lignes, qui doivent être tantôt fines, tantôt fortes.

35. — 5° Ecrire le titre en caractères semblables à ceux du modèle; — pour bien placer le titre : 1° mesurer la distance qui sépare l'horizontale supérieure du cadre du point le plus élevé du dessin; — 2° marquer un point à la moitié de cette distance; — 3° marquer deux autres points, un de chaque côté et à 2 millimètres du premier; — 4° par ces deux derniers points, mener des horizontales et écrire le titre entre ces deux lignes.

36. — 6° Ecrire le nom du lieu et la date de l'exécution du dessin à la place du nom de l'éditeur; le nom de l'élève à la place de celui de l'auteur; la désignation de l'institution au-dessus et au milieu de l'horizontale supérieure du cadre. — Ces diverses écritures doivent être écrites entre deux parallèles espacées entre elles de 2 millimètres, et dont la plus rapprochée du cadre en est à 3 millimètres.

INSTRUMENTS NÉCESSAIRES.

37. — *L'élève doit avoir :*

1° Compas à pointes de rechange;

2° Tire-ligne à main;

3° Triple décimètre; — rapporteur;

4° Règle plate; — équerre;

5° Couleurs indiquées nᵒˢ 18 et 21.

6° Deux pinceaux; — deux godets;

7° Une planchette de 0m,50 sur 0m,60; — Un T;

8° Papier grand raisin.

9° Crayons ni trop durs ni trop tendres.

38. — *Pour le dessin au tableau noir* qui doit avoir 1m,80 de haut sur 1m,20 de large :

1° Règle plate de 1m,60, divisée en centimètres;

2° Equerre d'environ 0m,50 pour le plus grand côté de l'angle droit et 0m,25 pour le plus petit.

3° Compas en bois, à craie, ayant chaque branche d'environ 0m,40.

LIGNES.

LIGNES EN GÉNÉRAL.

39. — Les lignes prennent différents noms qu'elles empruntent à leur nature, à leurs usages, à leur position.

40. — D'après sa *nature*, une ligne est *droite* ou *courbe*.

41. — Une ligne est DROITE, quand tous les points qui la composent sont dans la même direction ; c'est le plus court chemin d'un point à un autre. — Un point d'une droite étant donné, il suffit d'en trouver un second pour la déterminer, car par deux points on ne peut mener qu'une seule ligne droite. — Une ligne composée de plusieurs droites est une ligne BRISÉE.

42. — Une ligne est COURBE, si tous ses point ne sont pas dans la même direction. — Une courbe est *régulière* quand elle peut être déterminée par trois points au moins ; *irrégulière* dans les autres cas.

43. — D'après leurs *usages*, les lignes prennent le nom générique de lignes *conventionnelles* ; les principales sont :

44. — La ligne PLEINE qui représente les contours visibles ; elle est :

Fine, quand elle représente les contours éclairés ;
Forte, quand elle représente les contours non éclairés.

45. — La ligne PONCTUÉE, qui indique les opérations de construction.

46. — La ligne MIXTE, composée de points et de lignes, qui représente les contours invisibles d'après la position qu'occupe l'objet représenté.

LIGNES DROITES.

47. — Par rapport à leur position, les lignes droites sont dites :

48. — PARALLÈLES, quand étant menées dans un même sens, elles ne peuvent se rencontrer, quel que soit leur prolongement.

49. — HORIZONTALES, quand elles sont parallèles à l'eau dormante. — Les lignes du cadre menées de gauche à droite sont, ainsi que leurs parallèles, supposées horizontales.

50. — VERTICALES, lorsqu'elles sont parallèles à la direction du fil à plomb. — Les lignes du cadre menées de haut en bas sont, ainsi que leurs parallèles, supposées horizontales.

51. — PERPENDICULAIRES, quand elles sont entre elles comme l'horizontale est à la verticale. — Les perpendiculaires à une même droite sont parallèles entre elles. La distance entre deux parallèles est mesurée par une perpendiculaire à ces droites. — Une perpendiculaire à une verticale est horizontale et réciproquement.

52. — OBLIQUES, quand elles ne sont ni horizontales ni verticales. — Deux droites sont obliques entre elles si elles ne sont ni parallèles ni perpendiculaires entre elles.

53. — TANGENTES, quand elles ne se touchent qu'en un point nommé point de *contact* ou de *tangence*.

54. — SÉCANTES, quand elles se coupent en un point dit point d'*intersection*.

55. — RACCORDÉES, quand elles semblent n'en former qu'une seule, par leur rencontre en un point nommé point de *raccord*.

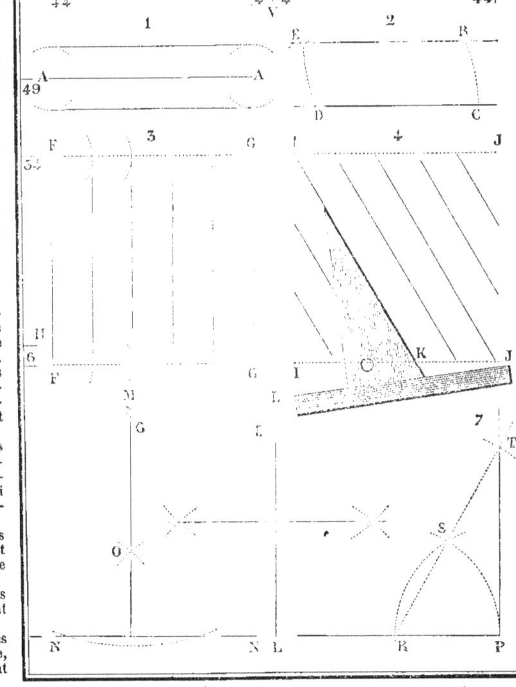

TRACÉ DES PARALLÈLES, etc.

56. — (Fig. 1) *A 12 millimètres de chaque côté de l'horizontale donnée* AA, *mener une parallèle :*

De chaque point extrême *a*, et d'un rayon de 12 millimètres, décrire deux arcs, l'un en dessus, l'autre en dessous. — Les tangentes à ces arcs sont les parallèles demandées.

57. — (Fig. 2) *Par un point donné* B, *mener une parallèle à une horizontale* C :

1° Du point B et d'un rayon arbitraire, décrire un arc DE ; — 2° du même rayon et du point D, décrire l'arc CB ; — 3° prendre au compas la distance de C à B et la porter de D en E.

58. — (Fig. 3) *A droite d'une verticale* F, F, *mener 5 parallèles équidistantes de 8 millimètres :*

1° De chaque point F et d'un rayon de 8 millimètres, décrire des arcs et mener une tangente à ces arcs ; — 2° de deux points pris sur cette tangente, décrire deux autres arcs, etc.

Pour opérer plus sûrement et plus rapidement : — 1° mener des horizontales FG ; — 2° pointer sur chacune d'elles les distances qui doivent séparer les parallèles, et mener ces dernières par ces points correspondants.

59. — (Fig. 4) *Par des points pris sur les horizontales* IJ, *et équidistants de 8 millimètres, mener à l'équerre des parallèles à l'oblique* IK :

1° Placer le grand côté de l'équerre le long de IK ; — 2° appliquer la règle le long du petit côté de l'équerre, sans la déranger ; — 3° faire glisser légèrement l'équerre le long de la règle avec les trois doigts du milieu de la main gauche dont le pouce et le petit doigt maintiennent la règle ; — 4° mener une droite le long du grand côté de l'équerre chaque fois qu'il coïncide avec un des points marqués sur les horizontales.

60. — (Fig. 5) *Par le milieu de la verticale* LL, *mener une perpendiculaire à cette droite :*

1° D'un rayon un peu plus grand que la moitié de cette droite et de chacune de ses extrémités L, décrire deux arcs, l'un à droite, l'autre à gauche ; — 2° par les intersections de ces arcs mener une droite qui est la perpendiculaire demandée.

61. — (Fig. 6) *D'un point donné* M, *abaisser une perpendiculaire sur l'horizontale* NN :

1° Du point donné M décrire un arc qui coupe l'horizontale N en deux points ; — 2° de chacun de ces points décrire un arc, soit en-dessus comme dans la figure, soit en dessous ; — 3° par l'intersection O et le point M, mener une droite qui est la perpendiculaire demandée.

62. — (Fig. 7) *A l'extrémité* P *de l'horizontale* PR, *élever une perpendiculaire à cette droite :*

1° Du point extrême P et d'un rayon arbitraire, décrire un arc RS ; — 2° du point d'intersection S et du même rayon, décrire un autre arc PS ; — 3° du point d'intersection S et du même rayon, décrire un arc T ; — 4° par les points d'intersection S et R, mener une droite dont l'intersection avec l'arc en T détermine la perpendiculaire demandée.

ANGLES.

DÉFINITION DES ANGLES.

63. — Un ANGLE est le résultat de la rencontre de deux lignes qui se terminent à leur point de contact. Les lignes qui concourent à la formation d'un angle prennent le nom de côtés de l'angle; — le point de rencontre des côtés se nomme sommet de l'angle.

64. — Le SOMMET est commun lorsqu'il sert à la formation de plusieurs angles; — un CÔTÉ est commun lorsqu'il entre dans la composition de plusieurs angles.

65. — Un angle se désigne : 1° par une lettre placée à son sommet, lorsque celui-ci lui est propre (angle A, Fig. 4); — 2° par trois lettres, lorsque le sommet est commun : dans l'énoncé la lettre du sommet doit être nommée entre les deux autres qui sont placées aux extrémités des côtés (angles BAC, CAD, DAE, Fig. 6); — 3° par une lettre ou un chiffre placé entre les côtés de chaque angle, près du sommet commun, lorsqu'il y a un grand nombre d'angles et que l'on veut abréger leur énoncé (Fig. 9).

66. — Les angles prennent différents noms : 1° d'après la nature des côtés; — 2° d'après leur dimension; — 3° d'après leur position respective.

67. — D'après la nature des côtés un angle est :

— *Rectiligne* (Fig. 1), si ses deux côtés sont des droites;
— *Curviligne* (Fig. 2), si ses deux côtés sont des courbes;
— *Mixtiligne* (Fig. 3), si l'un des côtés est droit et l'autre courbe.

68. — D'après ses dimensions un angle est :

— *Droit* (Fig. 4), quand ses côtés sont perpendiculaires entre eux;
— *Aigu* (CAD, Fig. 5), s'il est plus petit qu'un droit;
— *Obtus* (BAE, Fig. 6), s'il est plus grand qu'un droit.

69. — La dimension d'un angle ne dépend nullement de la longueur de ses côtés, mais bien de leur plus ou moins d'écartement.

70. — Une sécante (EF, Fig. 9) forme, en rencontrant deux parallèles, des angles qui, d'après leurs positions respectives, prennent les noms suivants qu'ils conservent dans les cas analogues :

— *Adjacents*, lorsqu'ils ont un côté et le sommet communs; *Exemple : 1 et 2.*

— *Opposés au sommet*, lorsqu'étant formés par l'intersection de deux droites, ils n'ont pas de côté commun; *Exemple : 2 et 3.*

— *Internes*, lorsqu'ils sont compris entre les parallèles et qu'ils ont la sécante pour côté commun; *Exemples : 3 et 5, 3 et 6.*

— *Externes*, lorsqu'ils sont en dehors des parallèles, *Exemples : 1 et 7, 2 et 8.*

— *D'un même côté*, lorsqu'ils sont du même côté de la sécante; *Exemple : 1, 3, 5 et 7; ou 2, 4, 6, et 8.*

— *Alternes*, lorsque l'un est d'un côté de la sécante et l'autre de l'autre côté, *Exemple : 1 et 8.*

71. — Enfin les angles au *périmètre* prennent les noms de :

— *Saillants*, lorsque leur ouverture est à l'intérieur;

— *Rentrants*, lorsque leur ouverture est à l'extérieur.

TRACÉ DES ANGLES.

72. — (Fig. 1, 2, 3) *Tracer un angle rectiligne, un angle curviligne et un angle mixtiligne :*

Tracer arbitrairement, mais en observant la disposition des figures, déterminée par les cotes placées le long du cadre.

73. — (Fig. 4) *Tracer un angle droit à l'extrémité* A *de l'horizontale donnée :*

1° Tracer l'horizontale A; — 2° employer le procédé indiqué n° 62, pour élever une perpendiculaire à l'extrémité d'une droite.

74. — (Fig. 5) *Tracer un angle aigu, égal à l'angle donné* CAD :

1° Tracer l'un des côtés AD; — 2° du point A pris pour sommet, et d'un rayon arbitraire, tracer un arc indéfini BD sur l'angle à reproduire, ou simplement marquer les points B et C sur ses côtés; — 3° tracer un arc semblable sur le dessin; 4° prendre au compas, sur le modèle, la distance BC et la reporter sur l'arc du dessin en plaçant la pointe sèche du compas en B, et traçant avec la pointe à crayon un petit arc qui donne l'intersection C; — 5° par le point A du dessin et l'intersection C mener une droite qui est le second côté de l'angle. — *Cet angle est aigu, parce qu'il a l'angle* DAC *de moins que l'angle* DAB.

75. — (Fig. 6) *Tracer un angle obtus égal à l'angle donné* BAE, *et indiquer par des lignes ponctuées la différence entre cet angle et ceux des figures 4 et 5 :*

Le tracé s'opère par le même procédé que pour l'angle aigu; pour indiquer la différence entre cet angle et ceux des figures 4 et 5, pointer sur l'arc BE les ouvertures de ces angles. — *L'angle* EAB *est obtus, parce qu'il a l'angle* EAD *de plus que l'angle droit* DAB.

76. — *Tracer un angle* (Fig. 8) *égal aux angles donnés* A *et* B (Fig. 7) :

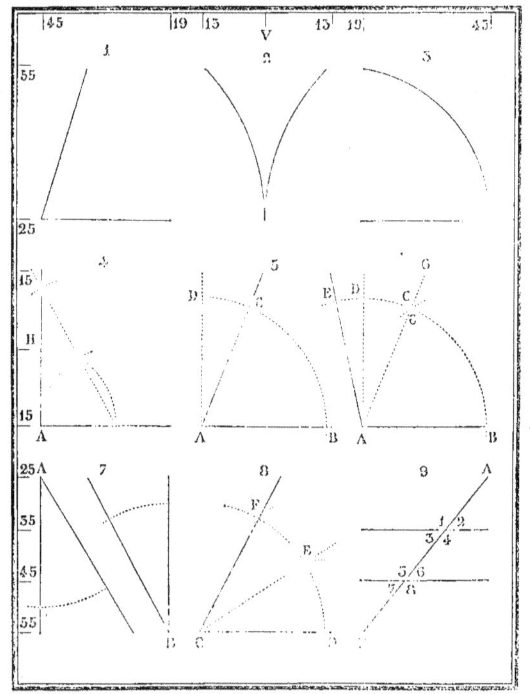

1° Tracer arbitrairement les angles A et B (*Fig.* 7), en se conformant toutefois à la disposition indiquée; — 2° mener l'horizontale C (*Fig.* 8); — 3° d'un rayon arbitraire et des sommets A et B, décrire un arc dans l'ouverture de chacun de ces angles; — 4° du même rayon et du point C, décrire un arc indéterminé DEF partant de l'horizontale; — 5° prendre au compas la mesure de l'arc intercepté entre les côtés de l'angle A et porter cette distance sur l'arc DEF de D en E; — 6° prendre la mesure de l'arc intercepté entre les côtés de l'angle B et la reporter sur l'arc DEF de E en F; — 7° par le point C et le point F, mener CF qui est le second côté de l'angle DCF égal aux deux angles A et B.

77. — (Fig. 9) *Mener une oblique* AB, *sécante à deux parallèles données, et formant avec elles des angles égaux à ceux de la figure* :

1° Tracez les parallèles; — 2° prenez sur chacune des parallèles du modèle la distance qui sépare une de ses extrémités de son intersection avec la sécante, et portez ces mêmes distances sur les parallèles de votre dessin; — 3° mener une droite par les points marqués sur les parallèles du dessin; cette droite est la sécante demandée.

78. — OBSERVATION : se bien exercer à désigner les angles formés par l'intersection d'une sécante et de deux parallèles (*voir* n° 70). Cette manière de désigner les angles est fréquemment nécessaire.

RAPPORTS DES ANGLES.

Nota. Il n'est ici question que des angles rectilignes (voir n° 68).

79. — Les angles, ainsi que toute quantité, peuvent être additionnés, soustraits, multipliés ou divisés.

80. — Deux lignes qui se terminent en se rencontrant ne forment qu'un seul angle (Fig. 1); — si l'une des lignes s'étend de chaque côté du point de rencontre (Fig. 2), il y a deux angles de formés, et leur valeur est égale à deux angles droits; — cette somme est encore de deux angles droits, quel que soit d'ailleurs le nombre des angles ayant un sommet commun et situés du même côté d'une droite.

81. — Le *complément* d'un angle est ce qui lui manque pour valoir un angle droit; — ainsi l'angle EBD (Fig. 2) est complément de l'angle ABE.

82. — Le *supplément* d'un angle est ce qui lui manque pour valoir deux angles droits; — ainsi l'angle ABE (Fig. 2) est supplément de l'angle EBC.

83. — Un angle ne peut être égal à deux droits, car alors ses deux côtés seraient en ligne droite.

84. — L'intersection de deux lignes (Fig. 3) forme quatre angles dont la somme est égale à quatre angles droits; — cette somme est encore de quatre angles droits, quel que soit d'ailleurs le nombre des angles formés autour d'un même point, leur sommet commun (Fig. 4).

85. — *Géométriquement on prouve que deux angles sont égaux* : 1° lorsqu'ils sont droits tous deux; — 2° lorsqu'ils sont opposés au sommet (1 et 4, Fig. 5); — 3° lorsque n'étant pas adjacents ils sont alterne interne (3 et 6, Fig. 6), ou alterne externe (1 et 8), ou interne externe d'un même côté (2 et 6); — 4° lorsqu'ils ont leurs côtés parallèles et dirigés dans un même sens (Fig. 6).

86. — *Pratiquement on reconnait le rapport de deux angles* :

1° En les superposant, c'est-à-dire en plaçant le sommet et un côté de l'un sur le sommet et un côté de l'autre; — les angles comparés sont égaux si les deux autres côtés *coïncident* (tombent l'un sur l'autre); sinon, l'angle le plus grand est celui dont le second côté est le plus éloigné des deux côtés superposés;

2° En pointant, sur les deux côtés de chaque angle, une même mesure à partir du sommet; — les angles comparés sont égaux s'ils ont la même distance entre ces deux points; sinon, l'angle le plus petit est celui dont les deux points sont le plus rapprochés;

3° En mesurant à l'aide du rapporteur (voir les numéros de 90 à 95).

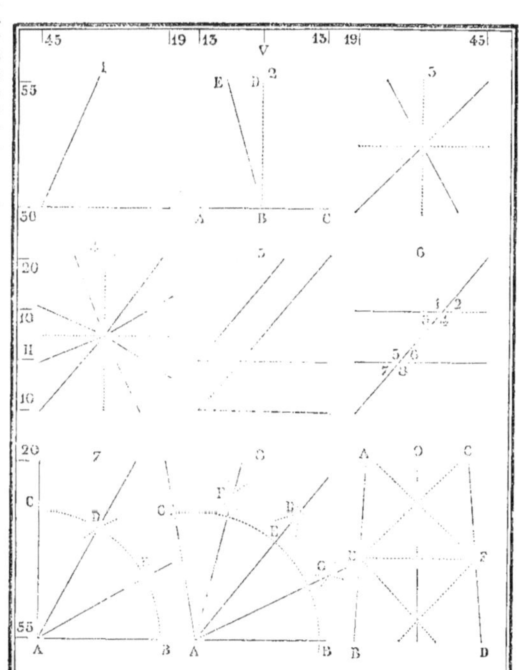

DIVISION DES ANGLES.

Nota. Le tracé des 6 premières figures ne présente aucune difficulté si l'on a bien compris les procédés indiqués n°s 73 à 77.

87. (Fig. 7) *Diviser un angle droit en trois parties égales, opération que l'on nomme* trisection de l'angle droit :

1° Tracer un angle droit; — 2° du sommet A et d'un rayon arbitraire, décrire un arc BC; — 3° du même rayon et du point B, comme centre, décrire un petit arc qui donne l'intersection D; — 4° du point C, comme centre et du même rayon, obtenir l'intersection C; — 5° par le sommet A et les points d'intersection D, E, mener les droites AD, AE; chacun des angles CAD, DAE, EAB est le tiers d'un angle droit, et, par conséquent, l'angle droit est divisé en 3 parties égales.

88. — (Fig. 8) *Diviser un angle quelconque* CAB *en deux, puis en quatre parties égales* :

1° Tracer l'angle CAB; — 2° du point A comme centre et d'un rayon arbitraire, décrire un arc BEC; — 3° du point B comme centre et d'un rayon arbitraire, mais plus grand que la demi-distance de BC, décrire un arc en D; (on peut conserver le rayon qui a servi à tracer l'arc BEC); — 4° du point C et du même rayon, décrire également un arc en D; par l'intersection D et le sommet A, mener la droite AD qui divise l'angle CAB en deux parties égales.

Pour diviser l'angle CAB en quatre parties égales, diviser chacun des angles CAD, DAB en deux parties égales, en obtenant les intersections F, G, de la même manière que ci-dessus, les points C, E, B servant de centre pour obtenir ces intersections.

89. — (Fig. 9) *Entre deux obliques* AB, CD, *mener une droite qui diviserait en deux parties égales l'angle que formeraient ces deux lignes si elles étaient prolongées jusqu'à leur rencontre* :

1° Tracer arbitrairement les obliques AB, CD; — 2° mener aussi à volonté une ligne EF qui, par sa rencontre avec les obliques, forme 4 angles; — 3° diviser chacun de ces angles en deux parties égales par des droites dont les intersections I et J déterminent la droite IJ qui répond à la question.

90. — Il est utile d'anticiper ici sur la 2e partie en donnant quelques définitions provisoires sur la circonférence, les grades et l'usage du rapporteur.

91. — Une *circonférence* est une ligne courbe tracée en faisant tourner l'une des branches du compas autour d'un même point, nommé *centre*, où est située la pointe de l'autre branche.

92. — Si par le centre on mène deux lignes droites perpendiculaires entre elles, elles diviseront la circonférence en quatre parties égales; — si l'on divise ensuite chacun des angles en 100 parties égales, la circonférence sera divisée en 400 parties égales.

93. — Le *grade* est la 100e partie d'un angle droit ou la 400e partie de la circonférence.

94. — Le *rapporteur* est une demi-circonférence tracée sur un morceau de corne transparente et divisée en 200 parties égales ou grades.

95. — En appliquant le centre du rapporteur sur le sommet d'un angle, on apprécie de suite la dimension de cet angle par le nombre de grades intercepté entre ses côtés.

96. — La plupart des rapporteurs ont l'ancienne division, qui était de 90 degrés pour l'angle droit, ou de 360 degrés pour la circonférence.

LIGNES PROPORTIONNELLES.

DES PROPORTIONS.

97. — Les lignes ou leurs *segments* (parties de lignes) peuvent, ainsi que les nombres, former des proportions; on les désigne alors sous le nom de lignes proportionnelles.

98. — En retranchant un nombre d'un autre, on obtient leur rapport par différence ou *rapport arithmétique.* — Deux rapports arithmétiques égaux forment une *équi-différence*; ainsi 4 et 7, 8 et 11 forment une équi-différence; car en retranchant 4 de 7, on obtient 3 comme en retranchant 8 de 11. On écrirait :

4 . 7 : 8 . 11, qui s'énonce : 4 est à 7 comme 8 est à 11.

99. — En divisant un nombre par un autre, on obtient leur rapport par quotient ou *rapport géométrique.* — Deux rapports géométriques égaux forment une *proportion*; ainsi 5 et 20, 12 et 48 forment une proportion; car en divisant 20 par 5, le quotient est 4 comme en divisant 48 par 12. On écrirait :

5 : 20 :: 12 : 48, qui s'énonce : 5 est à 20 comme 12 est à 48.

100. — Dans une proportion, on nomme : *antécédents*, le 1er et le 3e termes; — *conséquents*, le 2e et le 4e; — *extrêmes*, le 1er et le 4e; — *moyens*, le 2e et le 3e.

101. — *Dans toute proportion, le produit des extrêmes est égal à celui des moyens.* — Cette propriété rend facile à trouver le 4e terme d'une proportion dont trois termes seulement sont donnés; — si c'est un moyen qui est inconnu : faire le produit des extrêmes, et le diviser par le moyen connu; — si c'est un extrême : faire le produit des moyens, et le diviser par l'extrême connu.

102. — *Un nombre est moyen proportionnel à deux autres*, lorsqu'il est en rapport avec le 1er comme le 3e est en rapport avec lui; ainsi dans la proportion : 4 : 12 :: 12 : 36, le nombre 12 est moyen proportionnel entre 4 et 36; car divisé par 4, le quotient est 3; divisant 36, le quotient est encore 3.

103. — *Un nombre est 3e proportionnel à deux autres*, si l'un d'eux est moyen proportionnel entre lui et l'autre; ainsi 45 est 3e proportionnel aux nombre 5 et 15, car on a la proportion 5 : 15 :: 15 : 45.

104. — *Un nombre est divisé en moyenne et extrême raison*, si l'une de ses parties est moyenne proportionnelle entre l'autre partie et le tout; ce résultat ne peut être exactement obtenu par les nombres.

105. — La géométrie fournit des moyens plus prompts et plus sûrs que le calcul pour obtenir des lignes proportionnelles; au nombre des vérités géométriques, si utiles dans ces différents cas, sont celles-ci :

106. — *Toute droite, abaissée du sommet d'un angle, divise en segments proportionnels les parallèles interceptées entre ses côtés;*

107. — *Les parallèles comprises entre les deux côtés d'un angle les divisent en segments proportionnels.*

DIVISION DES DROITES, etc.

108. — *Diviser une droite* AB *en parties égales, soit en* 5 :

1er *Procédé* (*Fig.* 1). — 1° Mener une droite indéterminée CD ; — 2° porter sur cette droite 5 divisions égales ; — 3° du point de départ C de ces divisions et d'un rayon égal à la longueur totale des 5 divisions, décrire un arc en E ; — 4° du même rayon et de la dernière division, décrire un autre arc qui coupe le premier ; — 5° mener des droites par le point E et chacun des points de division portés sur CD ; — 6° porter la longueur AB de E en A et de E en B. — *Les droites abaissées du sommet de l'angle* E, *divisent* CD *et* AB *en segments proportionnels* (n° 106); *or, les segments de* CD *étant égaux, il en est de même pour* AB *qui se trouve ainsi divisée en parties égales.*

2e *Procédé* (*Fig.* 2). — 1° Mener une oblique indéfinie AC, formant avec AB un angle quelconque; — 2° pointer sur cette oblique, à partir de A, 5 divisions égales; — 3° joindre par une droite le dernier point de division C et le point B; — 4° par chacun des autres points de division de AC, mener des parallèles à CB. — *Les parallèles à* CB *divisent les côtés de l'angle* A *en segments proportionnels* (n° 107); *or, les segments de* AC *étant égaux, ceux de* AB *le sont aussi.*

109. — (Fig. 3). *Trouver une* 4e *proportionnelle à* 3 *lignes données*, A, B, C :

1° Mener des droites indéfinies formant un angle quelconque D; — 2° porter sur les côtés de cet angle les distances DE égale à la ligne A, EF égale à la ligne B, DG égale à la ligne C; — 3° mener EG, et par le point F mener FH parallèle à EG. — *Les parallèles* EG, FH, *divisent les côtés de l'angle* D *en segments proportionnels* (n° 107); *on a donc la proportion* DE : EF :: DG : GH; *le segment* GH *est la* 4e *proportionnelle aux droites* A, B, C.

110. — (Fig. 4). *Trouver une* 3e *proportionnelle à deux lignes données* A, B :

1° Mener deux droites formant un angle arbitraire C; — 2° porter sur ses côtés les distances CD égale à la ligne B, CE et CF égales à la ligne A; — 3° mener DF et par le point E mener EG parallèle à DF. — *D'après le* n° 107, *on a la proportion* CD : CE :: CF : CG; *mais comme* CF *est égale à* CE *on a :* CD : CE :: CE : CG; *donc* CG *est la* 3e *proportionnelle aux droites* CE, CD *qui sont égales aux droites données* A, B.

111. — (Fig. 5). *Trouver une moyenne proportionnelle à deux droites* A, B :

1° Mener une droite indéfinie CE; — 2° prendre sur cette droite CD égal à la ligne A et DE égal à la ligne B; — 3° au point D élever une perpendiculaire; — 4° du point G milieu de CE et d'un rayon égal à CG ou GE, décrire un arc qui coupe la perpendiculaire en H. — DH *est la moyenne proportionnelle aux lignes* CD, DE, *et l'on a la proportion* CD : DH :: DH : DE.

112. — (Fig. 6). *Diviser en moyenne et extrême raison une droite donnée* AB :

1° A l'une des extrémités de AB, élever une perpendiculaire et prendre sur cette ligne une distance BC égale à demi AB; — 2° mener la droite CA; — 3° du point C et d'un rayon CB, décrire un arc qui coupe CA en D; — 4° du point A et d'un rayon AD, décrire un autre arc qui coupe AB en E. — *Le point d'intersection* E, *divise* AB *en moyenne et extrême raison, de sorte que l'on a la proportion :* AB : AE :: AE : EB.

MOSAÏQUES RECTILIGNES.

A reproduire en trois dessins une figure par feuille

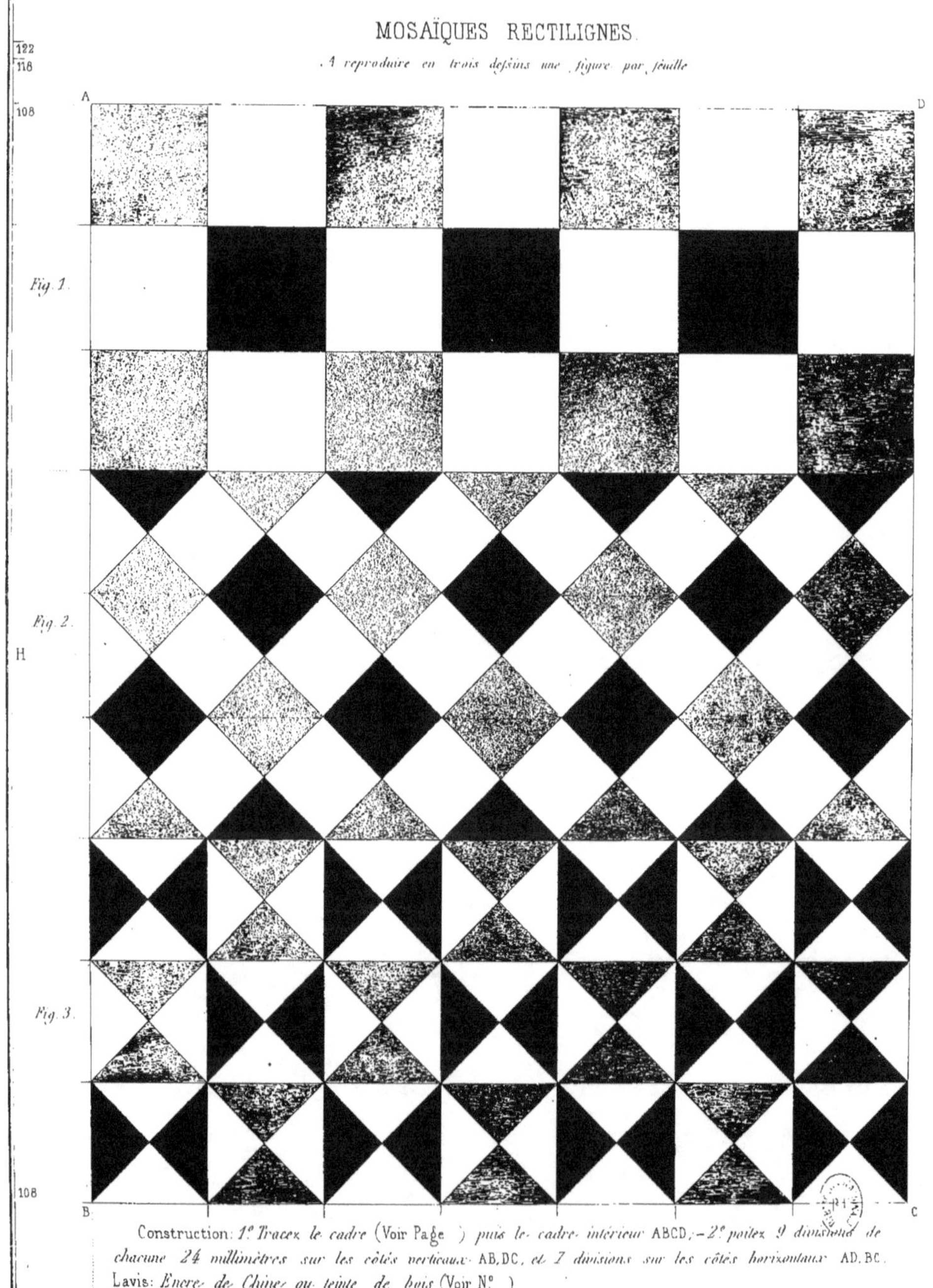

Construction: *1º Tracez le cadre* (Voir Page) *puis le cadre intérieur* ABCD; — *2º portez 9 divisions de chacune 24 millimètres sur les côtés verticaux* AB, DC, *et 7 divisions sur les côtés horizontaux* AD, BC.

Lavis: *Encre de Chine ou teinte de bois* (Voir Nº)

84 V 84

MOSAÏQUES RECTILIGNES.

A reproduire en trois dessins une figure par feuille

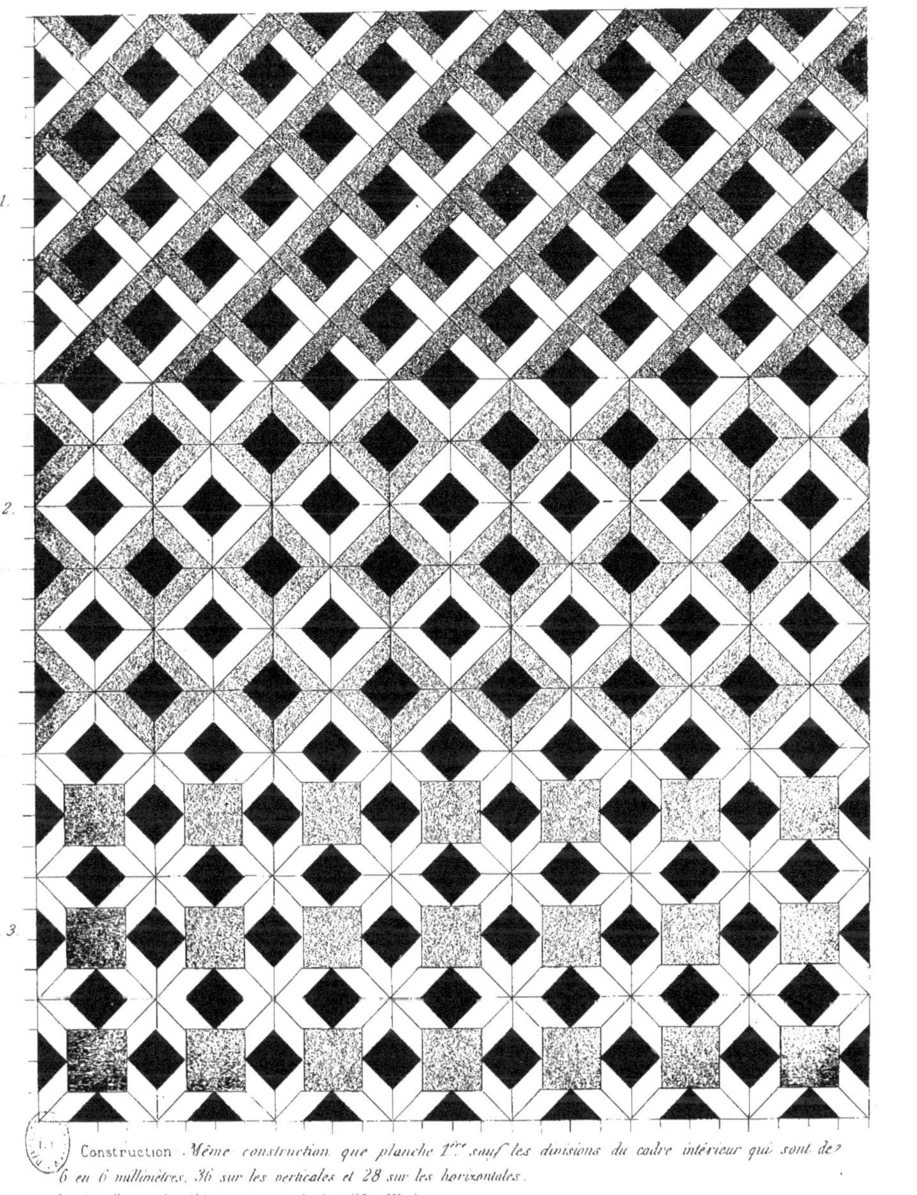

Construction: *Même construction que planche 1re sauf les divisions du cadre intérieur qui sont de 6 en 6 millimètres, 36 sur les verticales et 28 sur les horizontales.*

Lavis: *Encre de Chine ou teinte de bois* (Voir N°)

84 V 84

MOSAÏQUES RECTILIGNES.

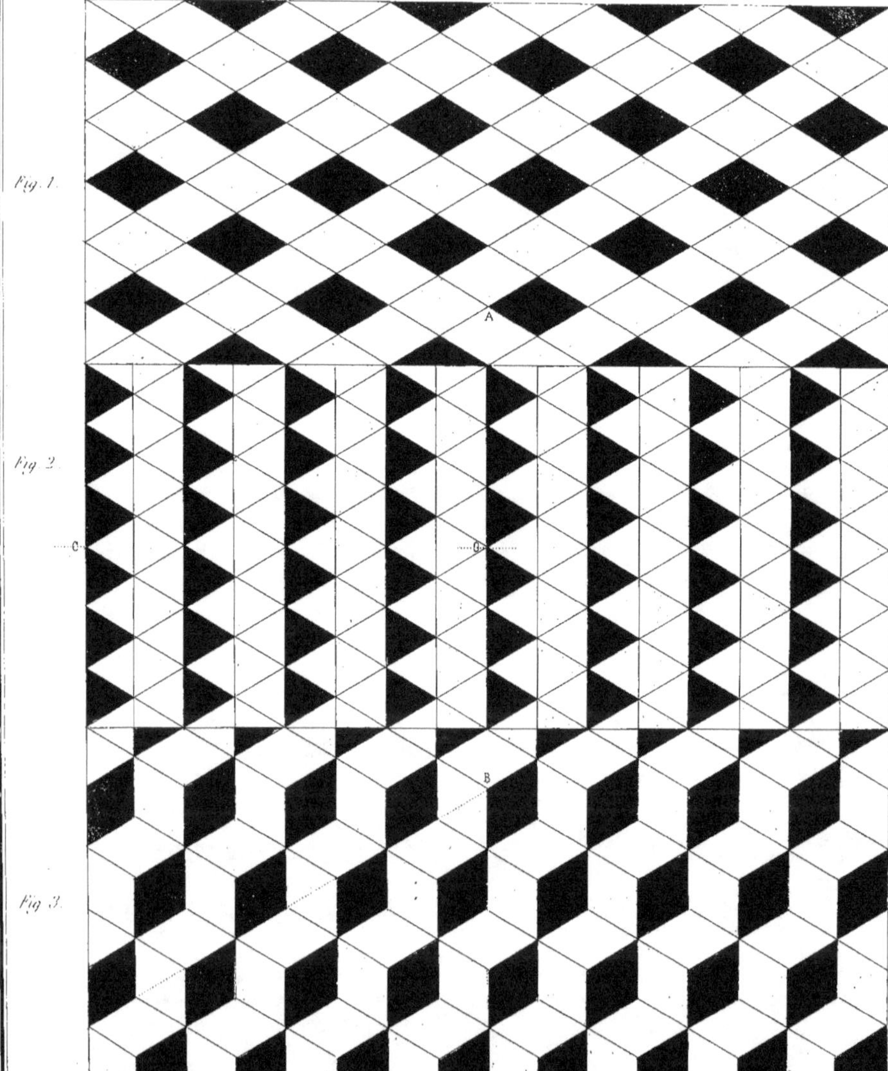

Construction: 1° de chaque côté du point central O pointer sur la verticale de construction 9 divisions de 12 millimètres et,
2° de la 4e division A et d'un rayon AB, décrire un arc qui coupe l'horizontale de construction en C,
3° prendre avec le compas la distance OC et la porter sur les horizontales du cadre de chaque côté de la verticale de construction,
4° par les points ainsi obtenus, mener les côtés verticaux du cadre intérieur et les diviser comme la verticale de construction 8.°

MOSAÏQUES RECTILIGNES.

Fig. 1.

Fig. 2.

Fig. 3.

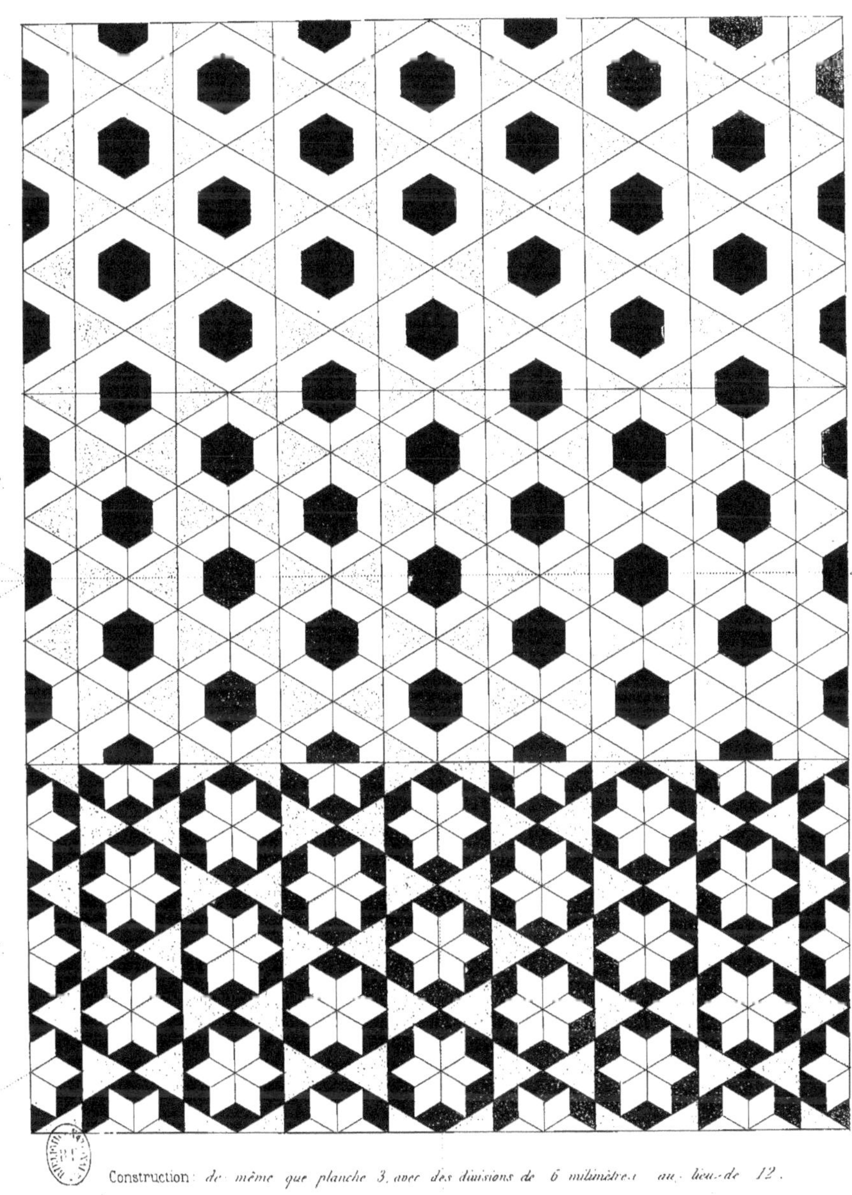

Construction: *de même que planche 3, avec des divisions de 6 millimètres au lieu de 12.*

PORTE À DEUX BATTANS.

à reproduire en deux dessins.

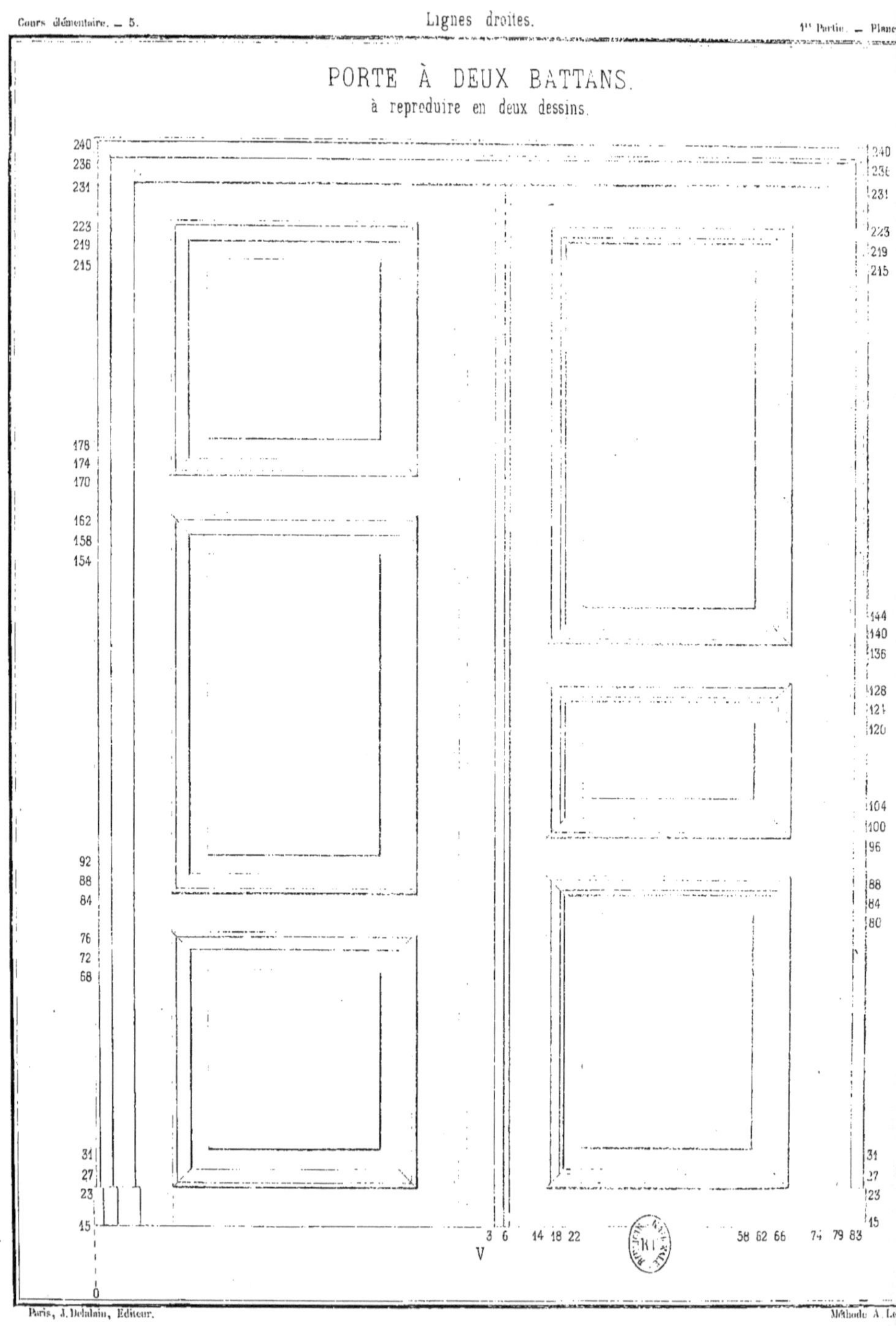

VITRAUX

à reproduire en deux dessins.

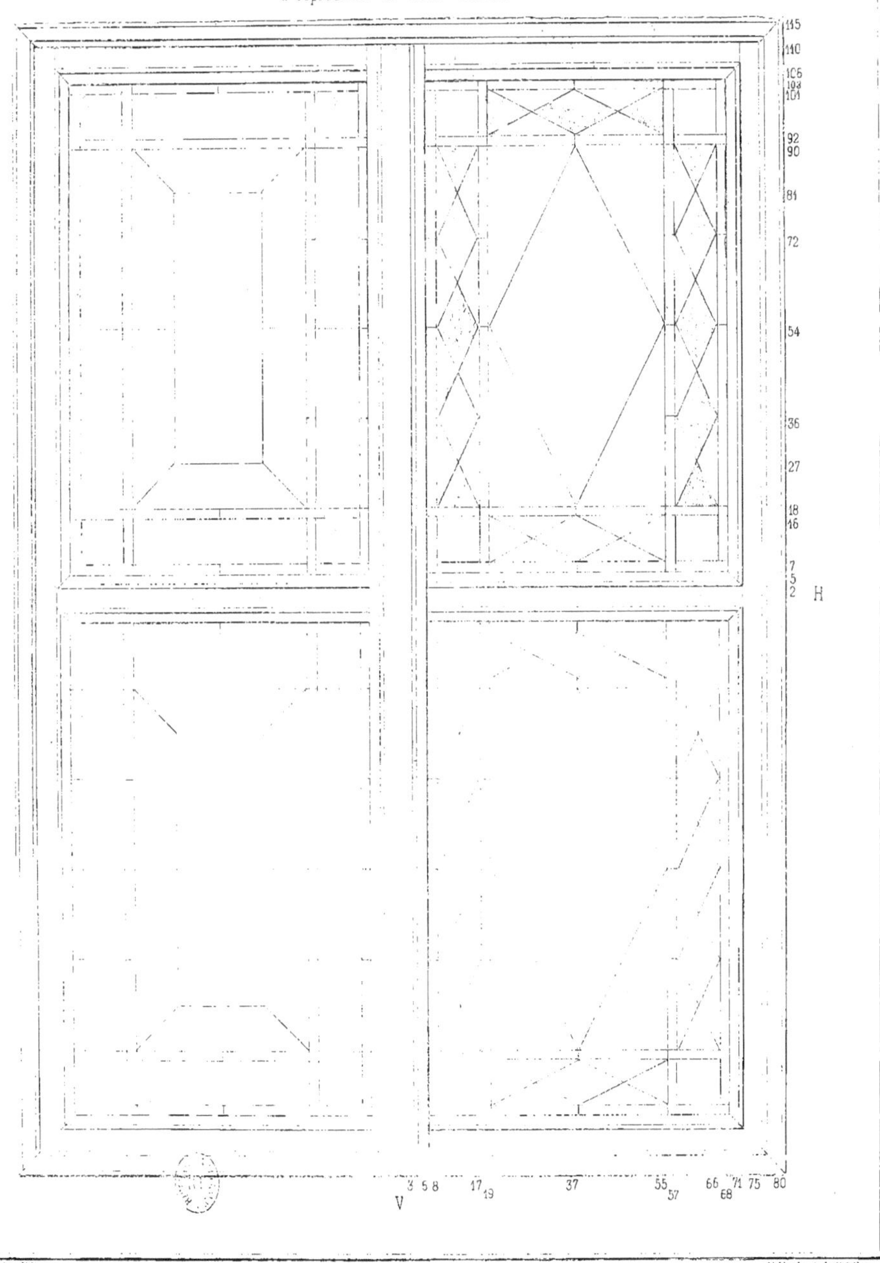

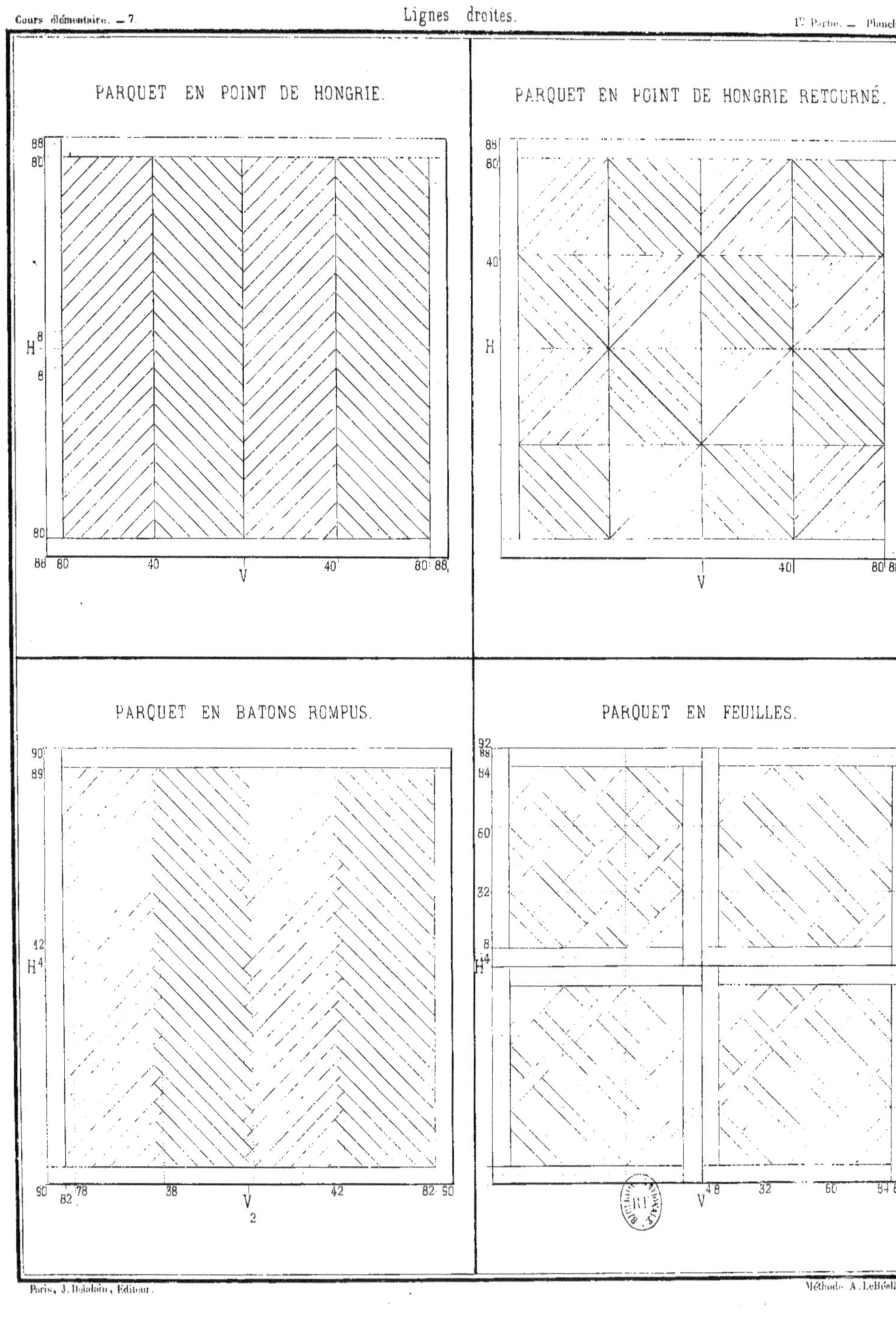
PARQUET EN POINT DE HONGRIE.
PARQUET EN POINT DE HONGRIE RETOURNÉ.
PARQUET EN BATONS ROMPUS.
PARQUET EN FEUILLES.

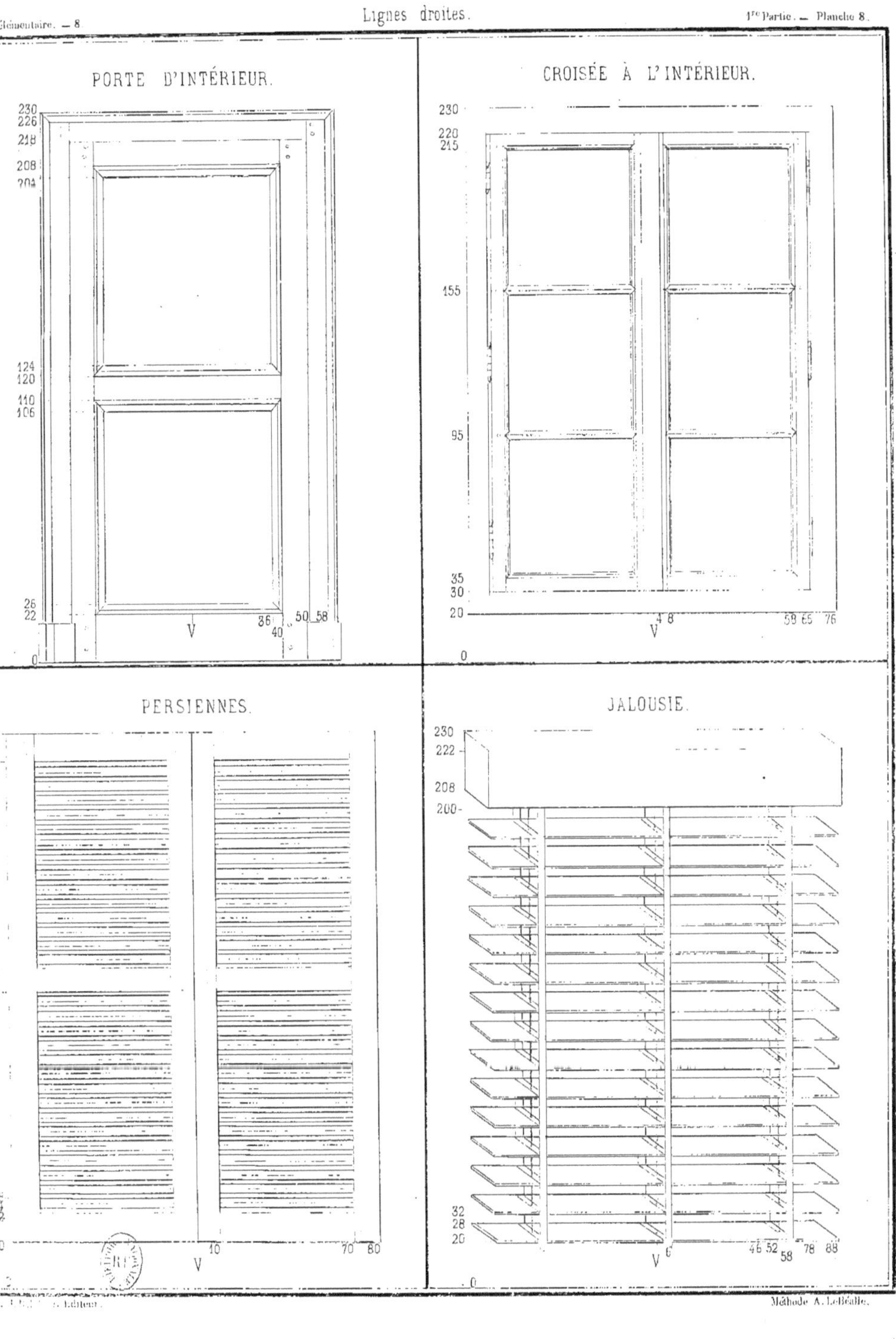
PORTE D'INTÉRIEUR.
230
226
218
208
204
124
120
110
106
26
22
0
V
36
40
50
58
CROISÉE À L'INTÉRIEUR.
230
220
215
155
95
35
30
20
0
V
4 8
58 65 76
PERSIENNES.
20
V
10
70 80
JALOUSIE.
230
222
208
200
32
28
20
0
V
6
46 52
58
78 88

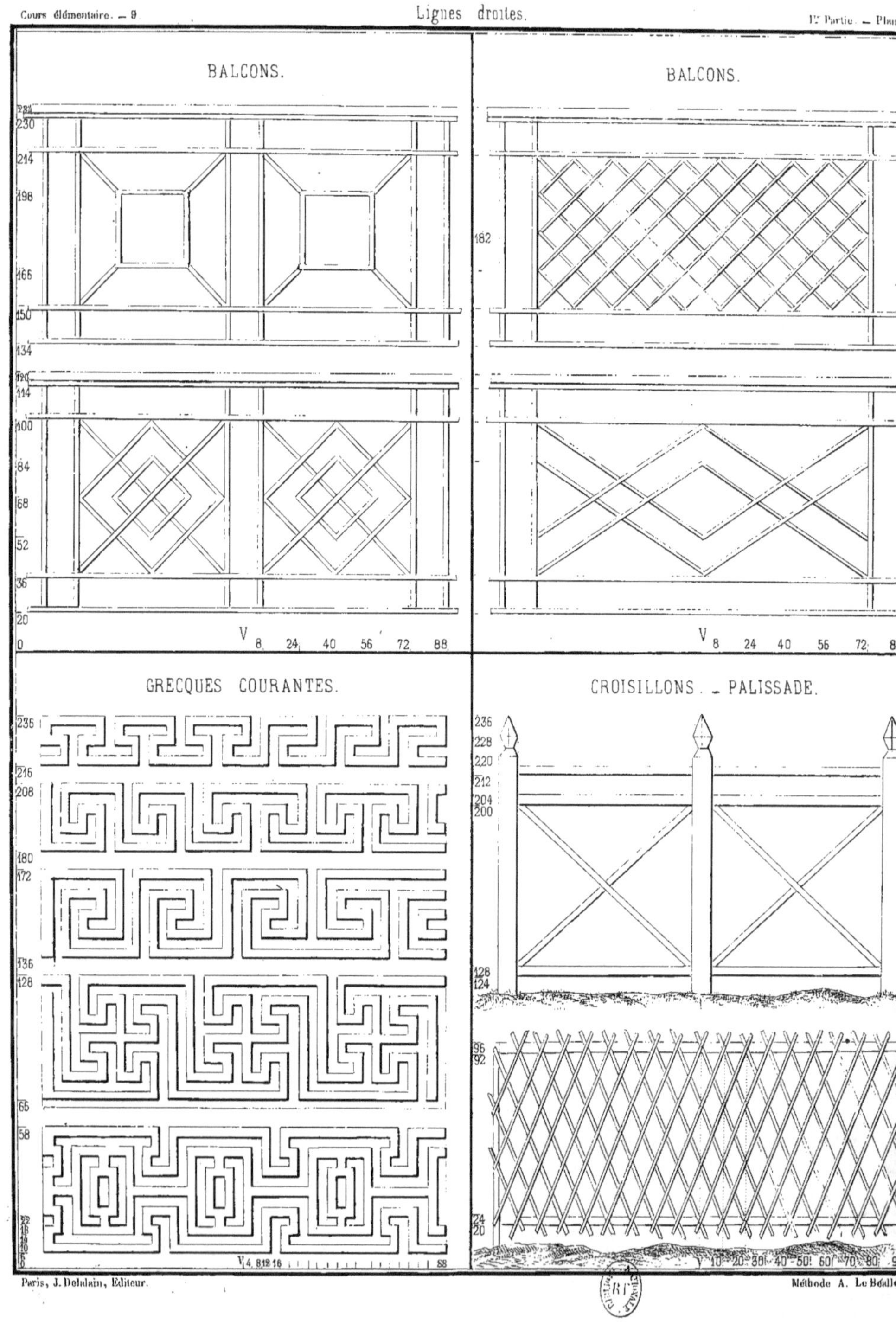
BALCONS.
BALCONS.
GRECQUES COURANTES.
CROISILLONS. — PALISSADE.

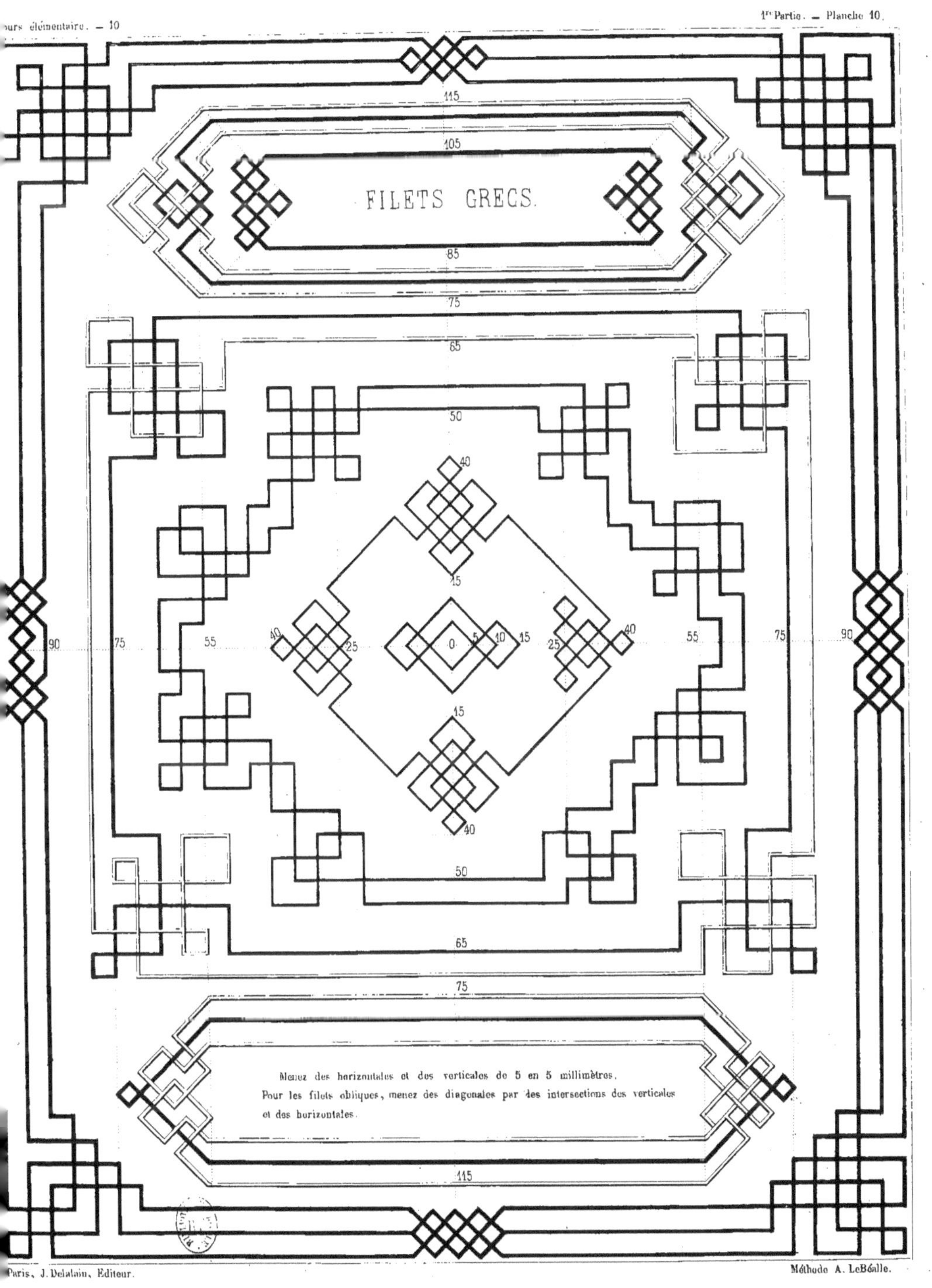
115
105
FILETS GRECS.
85
75
65
50
40
15
90
75
55
40
25
0
5
10
15
25
40
55
75
90
15
40
50
65
75
Menez des horizontales et des verticales de 5 en 5 millimètres.
Pour les filets obliques, menez des diagonales par des intersections des verticales
et des horizontales.
115

BAIE DE FENÊTRE A CROSSETTES.

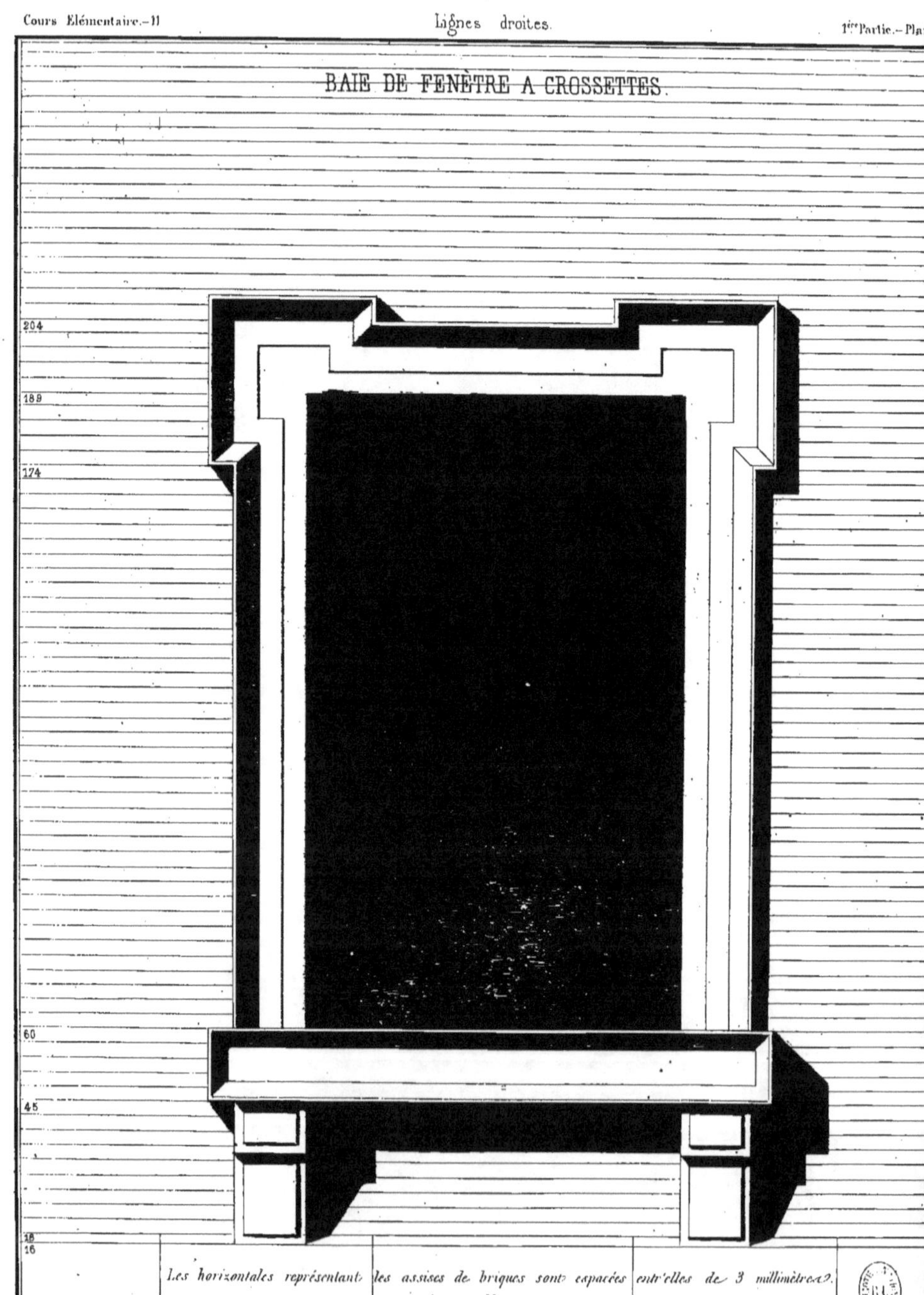

Les horizontales représentant les assises de briques sont espacées entr'elles de 3 millimètres.

BAIE DE PORTE A CROSSETTES.

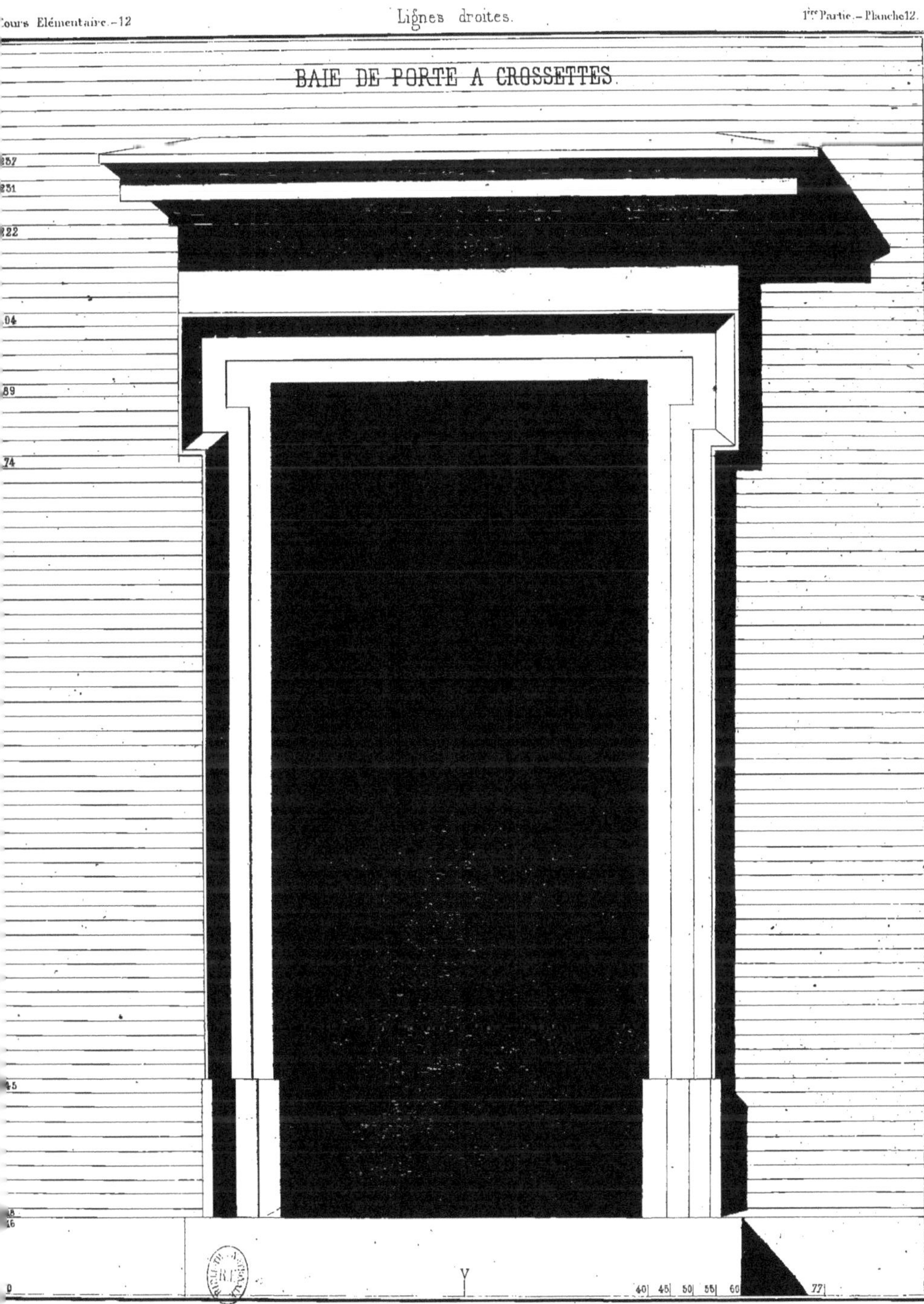

Paris, J. Delalain, Editeur.

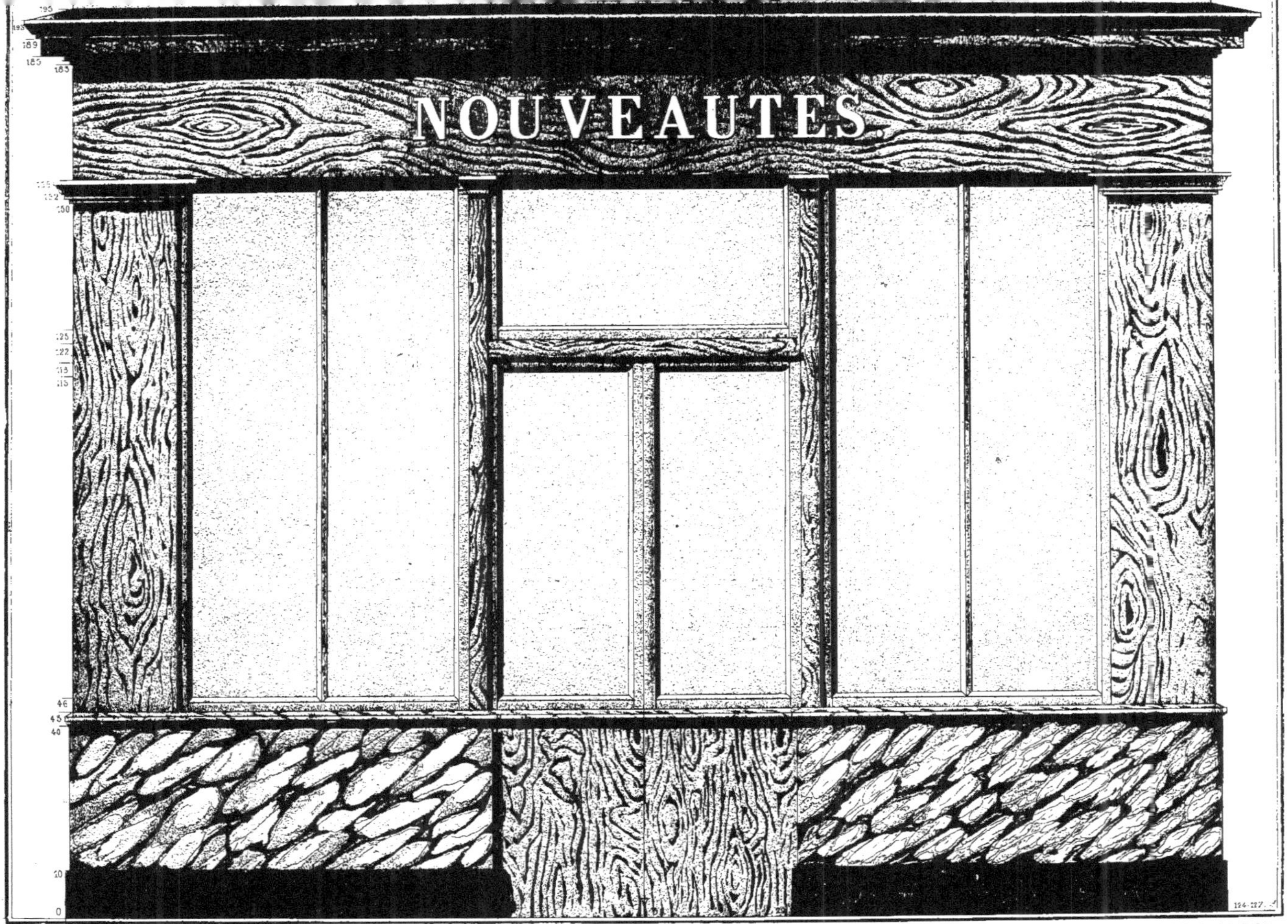

NOUVEAUTES.

195 193 189 185 183 155 152 150 125 122 118 115 46 45 40 10 0

124.127.

Paris, J. Delalain, Editeur.

Méthode A. Le Béalle

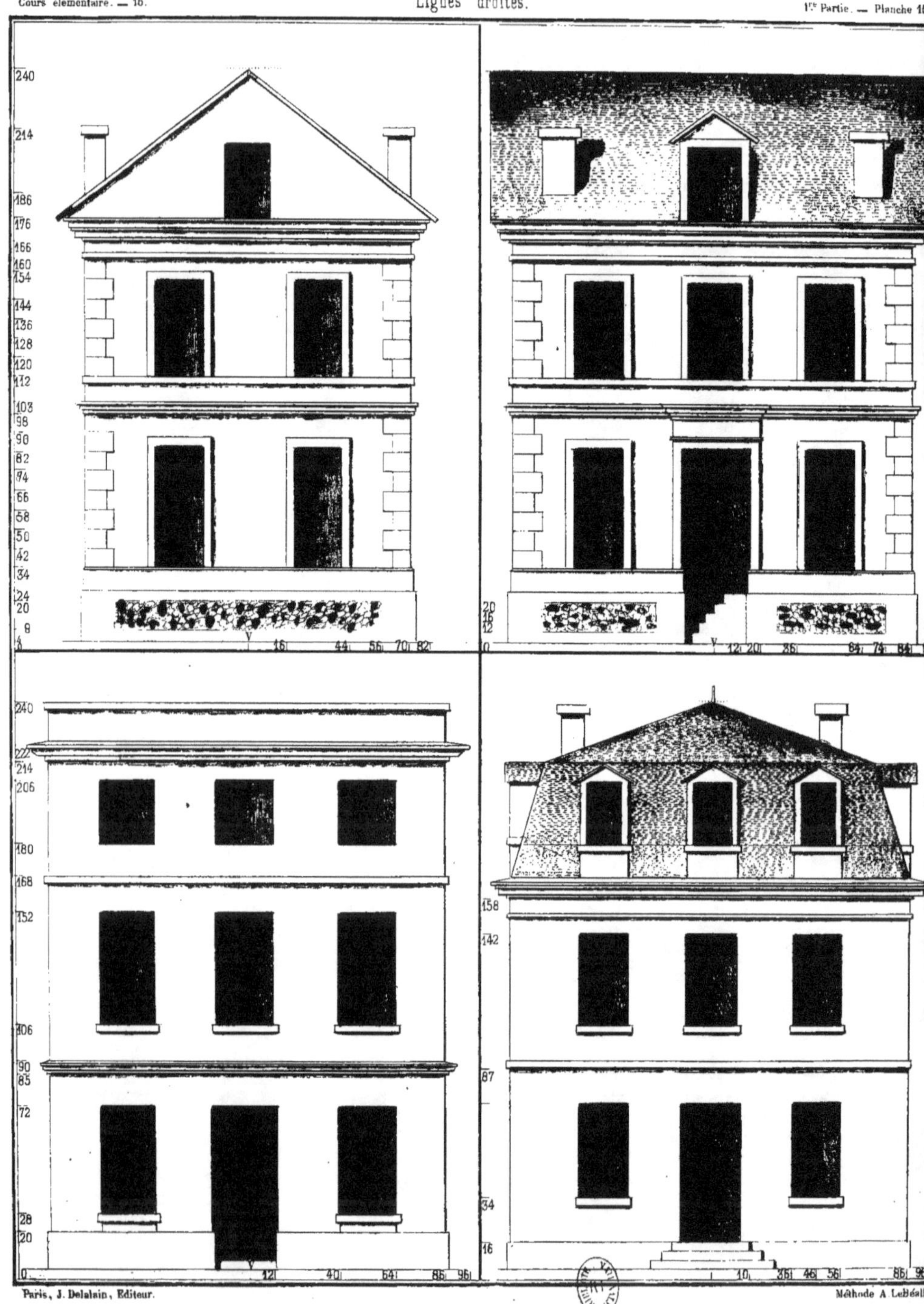

Paris, J. Delalain, Editeur.

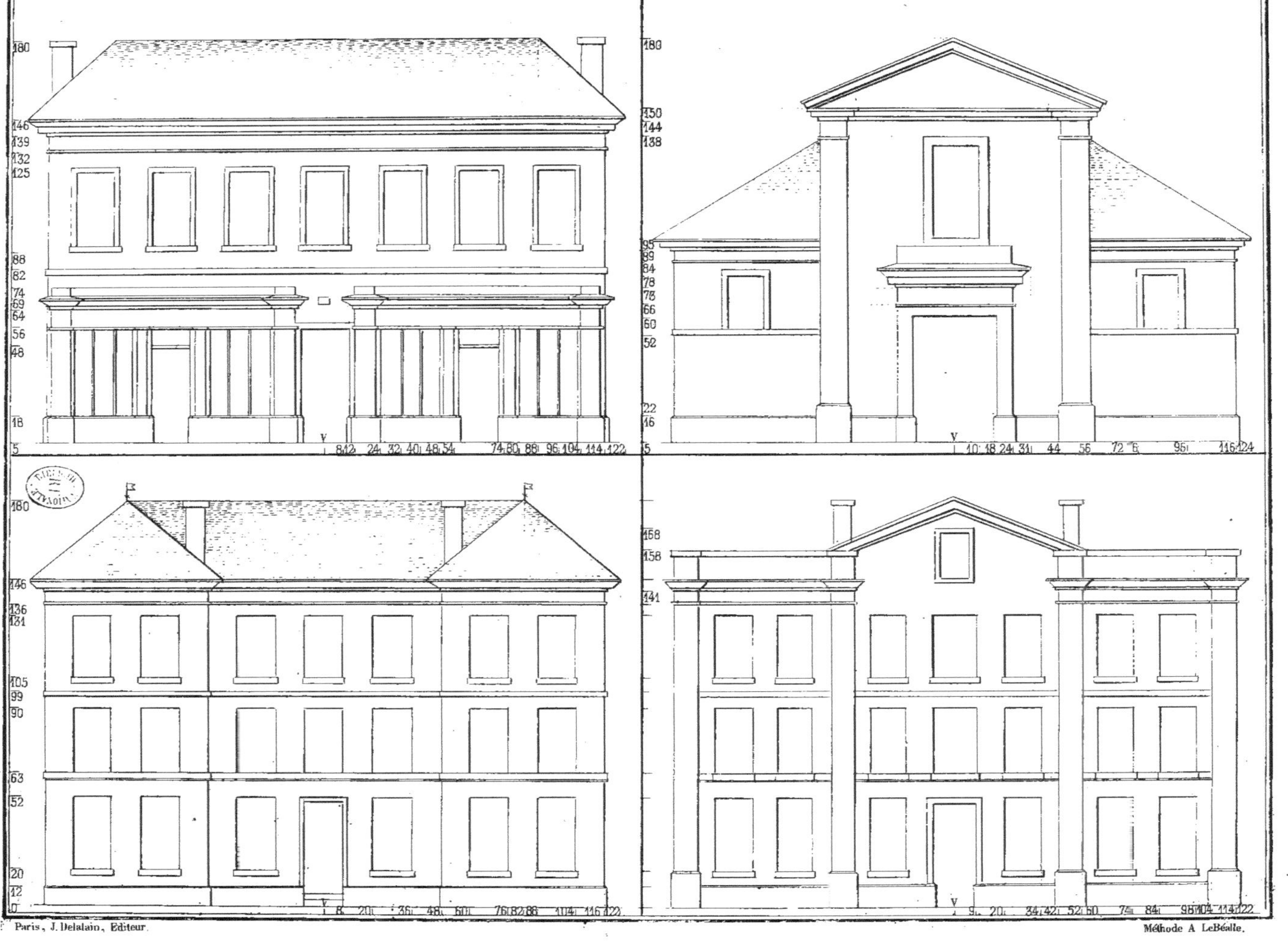

Paris, J. Delalain, Éditeur.

Méthode A. LeBéalle.

BIBLIOTHEQUE NATIONALE DE
3 7531 0397057

www.ingramcontent.com/pod-product-compliance
Lightning Source LLC
LaVergne TN
LVHW020929230826
846091LV00005BA/1992
* 9 7 8 2 0 1 1 8 9 3 3 9 0 *